# DES DROITS
# DES PEUPLES,

ET

## DE LA LÉGITIMITÉ

## DES SOUVERAINS.

DE L'IMPRIMERIE D'ADRIEN ÉGRON.

# A PARIS,

CHEZ DELAUNAY, LIBRAIRE, AU PALAIS-ROYAL.

JUIN 1815.

# DES DROITS
# DES PEUPLES,

## ET DE LA LÉGITIMITÉ

# DES SOUVERAINS.

———

La question des droits des peuples et de la légitimité des souverains est dans toutes les bouches. Tandis que les simples citoyens l'agitent dans leurs réunions, les hommes d'État et les publicistes en font le sujet de leurs méditations et de leurs écrits. Mais il est malheureusement trop vrai que tout ce qui a été dit, tout ce qui a paru, depuis quelque temps, en France, sur un point d'un si haut intérêt, porte l'empreinte de la passion au lieu du raisonnement; l'esprit de parti règne où ne devrait paraître que l'esprit de justice et de modération. Et que l'on ne s'imagine pas qu'une faute aussi grave soit toute du même côté. Chacun a eu sa part d'exagération et de faux argumens : on a vu des royalistes chercher à prouver que la France était la propriété d'une famille, tandis que les républicains soutenaient que rien ne pouvait enlever au peuple le droit de changer son gouvernement et son souverain. Le tort des premiers était évident ; celui des autres, pour être caché, n'en était pas moins réel. Ces royalistes exagérés auraient voulu faire de la nation française un assemblage d'esclaves attachés à la glèbe ; les principes des républicains auraient pu nous ramener aux temps où les hommes erraient dans les bois ; quand il n'y avait de droit que la force, et de propriété que celle du premier occupant. Tâchons, s'il nous est possible, d'éclaircir cette question, et de mettre des argumens à la place des déclamations virulentes.

Lorsque le géomètre veut démontrer les propriétés d'une courbe, il ne commence pas par prouver qu'une ligne est formée par le mouvement d'un point, et une surface par celui d'une ligne : c'est que les principes de la géométrie sont tellement évidens, sont si bien reconnus par tous ceux qui se livrent à l'étude de cette science, que le professeur est d'avance assuré que l'on ne cherchera point à renverser son théorème par la dénégation des axiomes sur lesquels il l'appuie. Il n'en est pas de même d'une proposition métaphysique. Chaque homme fonde ses idées sur des bases différentes. L'écrivain qui veut persuader doit partir du point le plus éloigné, et celui dont les principes sont les plus simples et les plus clairs, celui qui sait le mieux conserver l'analogie dans la suite de son raisonnement, sera aussi celui qui persuadera le plus grand nombre. Nous avons cru devoir faire cette observation préalable, pour qu'on ne nous accusât pas de répéter, dans ce qui va suivre, des vérités généralement reconnues, et qu'on retrouve dans des ouvrages qui sont entre les mains de tout le monde.

L'état sauvage est le premier état de l'homme ; mais il est loin d'être son état naturel. Des sophistes ont cependant cherché à nous le persuader : mais c'est comme s'ils avaient dit que le point vert et informe qui paraît sous la fleur effeuillée est le fruit dans sa perfection, ou que Newton, découvrant les lois de l'attraction, était dégénéré de Newton, sommeillant sur le sein de sa nourrice. L'homme a commencé par être sauvage, mais son état naturel est la société, il y tend sans cesse. A telle peuplade, il a fallu dix siècles avant d'y parvenir ; à telle autre, vingt ; il y en a qui, depuis l'origine du monde, restent encore dans leur état primitif : il en faut conclure seulement qu'elles n'ont point encore rencontré des circonstances favorables pour les tirer de la situation contre nature où elles se trouvent.

On nous objectera, peut-être, que la culture perfectionne les fruits en les dénaturant ; mais on aurait tort. Les fruits succulens que nous recueillons dans nos jardins sont vraiment dans leur état naturel. S'ils ne parviennent pas à ce point de perfection dans les forêts d'où nous les avons tirés, c'est que l'intempérie de l'air, le défaut du sol, enfin, s'il faut le dire, le besoin d'une main protectrice, les empêchent d'atteindre le but pour lequel ils furent créés : ainsi l'Être Suprême a voulu rendre toutes ses créatures dépendantes l'une de l'autre, afin que la plus parfaite d'entr'elles n'oubliât jamais sa faiblesse et son imperfection.

Dans l'état sauvage il n'y a point de propriété : elle est indispensable à l'état de société. C'est elle qui est le fondement de toutes nos institutions et de tous nos perfectionnemens. Du moment qu'il y a une propriété, il faut des lois pour la protéger. Elle peut être commune, comme à Sparte, ou chez les Frères Moraves ; individuelle, comme chez les autres peuples : c'est toujours une propriété. Dans le premier cas, les lois empêchent qu'un seul n'envahisse la propriété de tous ; dans le second, elles veillent à ce que le plus fort ne s'empare pas de la propriété particulière du plus faible.

Des lois seraient inutiles si elles n'étaient exécutées. Dès qu'elles sont faites, il est donc nécessaire d'en confier l'exécution à un ou à plusieurs membres de la société : de là l'origine des gouvernemens. Un gouvernement est une portion d'une société, préposée à l'exécution des lois faites ou consenties par la société entière.

Si tous les hommes étaient vertueux, chacun respecterait la propriété de son voisin ; les lois, et par conséquent les gouvernemens, seraient superflus. Mais il y a parmi les hommes des méchans et des ambitieux ; ce sont eux qui attaquent les propriétés, et c'est pour les réprimer que le gouvernement est établi ; il est souvent obligé de sévir à leur égard ; ils en sont les ennemis naturels : et comme ces méchans et ces ambitieux ont presque toujours plus de force ou plus de talent que les autres, si le gouvernement n'était pas, de son côté, investi d'une force morale capable de leur en imposer, il serait journellement renversé par eux. Cette force consiste dans la réunion de tous les bons citoyens contre les méchans , et de cette réunion doit naître l'inviolabilité du gouvernement pendant toute la durée de ses fonctions : c'est-à-dire , l'assurance que ce gouvernement ne pourra point être renversé par le premier citoyen qui croira avoir à s'en plaindre. Cette inviolabilité ne porte pas seulement contre les méchans, mais encore contre les bons ; car, comme les méchans et les ambitieux ne s'avoueront jamais tels , on est obligé de les confondre dans la masse générale , et de défendre à tous , ce que l'on ne voudrait défendre qu'à eux. Ainsi le peuple, en établissant un gouvernement pour le protéger , sacrifie une partie de ses droits pour assurer les autres, et le premier droit auquel il renonce est celui de changer son gouvernement, avant l'expiration des fonctions qu'il lui a confiées.

Nous sommes forcés d'interrompre ici, pour un instant, le cours de notre raisonnement, afin de prévenir une objection que l'on pourrait nous faire, qui ne touche cependant pas au fond de la question. On dira peut-être que nous confondons le gouvernement avec les tribunaux. Nous répondrons qu'il est incontestable que , dans l'origine des sociétés , ils ont effectivement été confondus, et nous ajouterons qu'à vrai dire, ils le sont même encore. Il est certain que ce serait un abus de confier le pouvoir exécutif et le pouvoir judiciaire à la même personne, mais il n'en est pas moins véritable que les trois pouvoirs exécutif, législatif et judiciaire réunis, abstraction faite de personnes, forment l'ensemble du gouvernement.

Mais reprenons la suite de notre discours. Cette inviolabilité du gouvernement, c'est-à-dire, la renonciation du peuple au droit de changer ses constitutions et ses autorités constituées pendant la durée de leurs fonctions, a été reconnue par toutes les nations anciennes et modernes. La Crète et la Pologne sont les deux seules exceptions que nous offre, à cet égard, l'histoire des peuples civilisés. Il a fallu une réunion de causes particulières pour prévenir, chez les Crétois, les inconvéniens du droit dangereux d'insurrection. Quant aux Polonais, nous ne pensons pas qu'aucun peuple moderne leur envie les avantages qu'ils ont pu en retirer.

Ce premier point reconnu, les peuples ayant renoncé à ce droit, et posé, par leur renonciation, la première base de la paix intérieure et de la prospérité publique, chaque peuple a considéré ensuite quels étaient les autres droits qu'il voulait en particulier se réserver, et auxquels d'entre eux sa position, ses mœurs, ses goûts, lui faisaient un devoir de renoncer encore. Les uns voulurent que leurs magistrats les consultassent dans toutes les questions difficiles, et bornèrent la durée de leur charge à trois mois, à un an, à un lustre : ce furent les républiques démocratiques. Les autres, considérant peut-être que les citoyens remplissent mieux leurs devoirs envers la société générale, lorsqu'on met des bornes à leur ambition et qu'on leur ferme la route des fonctions publiques, confièrent pour toujours, à un certain nombre d'entre eux, le soin de gouverner les autres : ils formèrent une aristocratie. Quelques nations, craignant le conflit d'opinions qui règne dans les assemblées, et éprouvant, soit par une plus grande étendue de territoire, soit par le voisinage de peuples guerriers et entreprenans, le besoin d'un gouvernement plus fort et plus actif, élevèrent un seul homme au-dessus de tous les autres, lui accordèrent le pouvoir pour sa vie, mais voulurent qu'à sa mort ce pouvoir retournât à sa source, et qu'un nouvel homme, élevé par le choix du peuple, remplaçât celui qui venait de payer le tribut à la nature : ces nations eurent une monarchie élective.

Il y eut enfin des peuples qui, voyant chez leurs

voisins d'odieuses brigues se renouveler à chaque
élection, le pouvoir devenir souvent la proie de
la force, ou le prix des moyens les plus vils, la
mort violente et prématurée du prince ouvrir à
chaque instant la route du trône au méchant ou à
l'ambitieux, et par là, le gouvernement et les lois
manquer leur premier but, crurent devoir res-
treindre encore davantage leurs propres droits.
Ils nommèrent un souverain, et voulurent que
lui, ou l'un de ses descendans, d'après l'ordre
naturel de succession, fût leur chef, leur magistrat suprême, l'exécuteur des lois, tant qu'un seul
membre de cette postérité existerait.

Nous avons prouvé plus haut que l'inviolabilité
du gouvernement, base indispensable de toute société, consiste dans la renonciation du peuple au
droit de changer ce gouvernement, ou le magistrat qui le représente, ce qui revient au même,
avant que ses fonctions ne soient expirées. Or,
dans une démocratie, ces fonctions expirent à la
fin du terme pour lequel l'archonte, le consul ou
le président a été nommé; dans une monarchie
élective, elles finissent avec la mort du souverain;
dans une monarchie héréditaire, ces fonctions ne
peuvent cesser que quand la famille du prince
s'éteint. Cela est si vrai, que pour refuser d'ad-

mettre ce principe, il faudrait nier jusqu'à l'existence des monarchies héréditaires, car une constitution où le peuple recouvrerait le droit d'élire son souverain, après la troisième, la quatrième, ou la dixième génération, ne serait jamais qu'une modification d'une monarchie élective. Il ne s'agit point de considérer ici quel est le meilleur de ces gouvernemens; il suffit que chacun d'eux existe pour que les principes qui les régissent soient véritables, et doivent, dans tous les cas, être appliqués.

Mais, s'écrieront les apôtres de la liberté indéfinie, un peuple peut-il s'enchaîner à ce point? Peut-il se priver du droit de punir un magistrat prévaricateur, ou un tyran farouche? Notre réponse sera que les fautes et même les crimes d'un gouvernement ne feront jamais autant de tort au peuple que son instabilité, et que le despotisme vaut mieux que l'anarchie. Cette vérité a présidé à la formation de tous les gouvernemens; c'est à cause d'elle qu'on les a institués : ils deviennent inutiles du moment qu'on ose la mettre en doute. L'antiquité nous offre à cet égard, dans les Egyptiens, un exemple imposant d'un grand peuple, qui connaît en même temps ses droits et ses devoirs envers lui-même. Il se réserve le noble privilége de juger ses rois ; mais il sait que, sans renverser le gouvernement, il ne peut se permettre de publier son jugement qu'après la mort du souverain. Tant que le monarque vit, il est inviolable, ses défauts mêmes sont sacrés ; on n'en tient pas moins une note exacte de ses bienfaits et de ses fautes ; il expire, le jugement est prononcé, et sa mémoire est consacrée à jamais à la reconnaissance, ou dévouée à l'exécration de la postérité.

Il y a des personnes qui, tout en reconnaissant la vérité de notre principe dans les républiques ou dans les monarchies électives, conservent des doutes à l'égard des monarchies héréditaires. Comment, disent-elles, une génération peut-elle lier les générations suivantes ? Les descendans d'un grand prince peuvent être privés de tous talens et de toutes vertus : faut-il se soumettre sans murmurer à un monarque imbécille ou méchant ?

A l'égard du premier point, nous ferons observer à ces personnes que, dans une monarchie héréditaire, la constitution repose sur une abstraction ; on regarde la suite des générations, comme une seule génération ; la suite des rois, comme un seul prince. De là, cette ancienne maxime si vraie, que le roi ne mourait point en

France. D'ailleurs cette abstraction n'est point une supposition arbitraire : elle existe dans la nature. Une génération ne cesse point tout à coup pour faire place à une autre; elles se lient et s'enchaînent mutuellement par des nœuds multipliés et imperceptibles. En voulant nier le droit de stipuler pour les générations à venir, on tombe dans une difficulté insoluble; celle de décider où une génération finit et où l'autre commence. Les jeunes gens refuseraient de remplir les engagemens des vieillards, sous le prétexte qu'ils n'étaient pas au monde lorsque ces engagemens furent formés. Le droit politique doit être ici d'accord avec le droit civil. Tout argument contraire est un abus de mots ou une pétition de principe.

Pour ce qui concerne le second point, les princes n'étant que des hommes, il est certain qu'il peut s'en trouver un, dans le cours des siècles, dont le règne serait, en effet, capable de renverser la chose publique. Dans ce cas, extrêmement rare, et beaucoup plus rare que les démagogues ne voudraient nous le persuader, il peut arriver que le peuple se voie forcé de tranférer les fonctions de ce prince à son plus proche successeur; mais il n'en acquiert pas le droit d'interrompre la série des monarques. Ainsi, lorsqu'un citoyen est af-

fligé d'une maladie mentale, son existence est,
pour ainsi dire, suspendue, mais sa succession
n'en est pas pour cela ouverte.

Enfin, il peut arriver aussi que la famille sou-
veraine dégénère à tel point, que l'ineptie de tous
ses membres la rende absolument hors d'état de
tenir les rênes du gouvernement; et dans ce cas,
il n'est pas nécessaire que le peuple la renverse
par une secousse violente; elle tombera d'elle-
même, comme la feuille desséchée du cèdre toujours vert se détache, lorsque la nouvelle feuille
a eu le temps de se développer. C'est ainsi qu'en
France, les deux premières races sont descendues
du trône, par la suite naturelle des événemens,
mais sans qu'aucune révolution populaire les en
ait chassées.

Nous venons de présenter quelques observa-
tions générales; notre intention n'a point été d'en
faire d'application particulière. Nous laissons à
nos lecteurs le soin d'en tirer les conséquences
qu'ils jugeront les plus naturelles, et de rattacher,
s'ils le désirent, aux circonstances présentes, les
leçons de l'expérience des siècles passés, et les
principes inébranlables de la vérité.

FIN.